Alma germinal

Poemas de la cosecha

por Doobie

Traducido por Lorenzo Bermejo Thomas

Dedicatoria

Dedicado con gratitud a mi esposa Vicky, mi inspiración y mi gran amor.

Y a todos aquellos que han estado en la búsqueda:

De paz interior en tiempos de dolor.

De gratificante embeleso y creencia renacida.

De brotes de esperanza cuando luchamos por soluciones.

Para relajar el alma durante las temporadas de caída.

Para iluminar el amor místico, para despertar su propia llamada.

~ Doobie

Índice

Desenmascarada

Audaz

Germinal

Héroe

Navegar

Divino

Perdón

Alma

Hijo

Cambio

Amada

Descuidada

Ángel

Bendición

Caída

Embeleso

Humildad

Reverencia

Exhalación

Oración

Paz

Viaje

Destino

Océano

Namasté

Fingimiento

Infinito

Pasión

Esperanza

Arcoíris

Totalidad

Osadía

Lienzo

Gracia

Alma germinal

Poemas de la cosecha

por Doobie

Copyright © 2014 Doobie Shemer

Todos los derechos reservados

ISBN-10: 0-9913494-9-0

ISBN-13: 978-0-9913494-9-4

Library of Congress - Depósito Legal: TXU 1-898-541

Desenmascarada

Alma a Alma, muéstralo todo,

Evoluciona, no te ocultes, obedece tu llamada,

Oh, divino todopoderoso, no me dejes caer.

Desenmascarados, nuestros espíritus se revelan,

Alma a Alma abraza, contempla.

Audaz

Libérame, oh, Alma celestial,

Déjame ser, podría caer,

Con las alas rotas, tropiezo, me arrastro,

Relámpago que lucha contra sombras oscuras, inclinaros enemigos,

Audaz, sin penas, sigo mi llamada.

Germinal

Su Alma germinal crece en la eternidad,

Sus caminos se manifiestan para que los recorran,

Elástica ella lucha y fluye contra la corriente,

Los ilumina con humildad, a todos inspira,

Oh, espíritu sagrado, protege sus senderos pues es nuestra fuerza y única esperanza.

Héroe

Cielo oscuro, corazón afligido atrapado en las nubes,

Olas de zafiro, mente destapada que se encarcela en los sonidos,

Oh, hombre Santo, ilumíname, sé mi guía a mi llamada,

Ojos cerrados, abraza mi corazón, enciende mi Alma,

¿Quién es el héroe que no caerá?

Navegar

Posa tus manos, aceptación en calma anhelada,

Abraza tu fe, bendita en su paz,

Ningún Alma es abandonada, nace otra aurora,

Navega por el río de la luz, oh llena de gracia,

No hay más dudas, tu hijo devoto.

Divino

Suave como los tiernos silbidos de una flauta,

Cuando punzan cada célula, enlosan cada camino,

Paz es su única manera,

Saborear amor Divino como un dulce fruto,

Desnudo, comparte, reza y florece.

Perdón

De todo lo que debió ser dado o tomado,

De todo lo que se hizo con castigo,

Nada queda, nada por escribir,

Abrázate en tu Alma, y perdona,

Pues solo el Amor subsistirá,

Pues solo el Amor vencerá.

.

Alma

Caen las hojas y cobijan mis lágrimas,

Corazón entumecido, el amor ha partido,

Nubes vagabundas que eclipsan mi temor,

Alma desnuda que se ha llevado todo,

Oh, Gran Espíritu, llévame a la aurora del despertar.

.

Hijo

Oh, noble ser, solo quiero ser yo,

Oh, Espíritu Santo, solo quiero ser libre,

Déjalo ir, no busques más,

Sé agradecido… solo sé,

Abraza tu Alma, acepta tu destino,

¡Vive! Eres un hijo de la eternidad.

Cambio

Visión de engaños, estamos perdidos, fuera de lugar,

Naturaleza conmovedora, envuelta en belleza y gracia,

Ojos cerrados, respira profundo… exhala,

Cambio que has llegado, delicioso abrazo,

Somos uno, naturaleza - Madre Tierra.

Amada

Ahora que somos uno,

Hemos dejado todo lo terminado,

Amor enlazado que abraza nuestras Almas hasta el tiempo final,

Oh, mi ángel, mi amada, posa tu mano en la mía,

Ahora que somos uno, navegamos al nunca menguante Sol.

Descuidada

Su Alma ascendió con suavidad por el cautivador sonido,

A la zaga de su destino, se desliza por ríos de nubes,

Está escrito; es el destino, ¿se puede deshacer?

Corazón descuidado, ella marcha, abandonando toda duda,

Llamada interna, su única guía,

Despierta el Alma al romper el alba.

Ángel

Despliega tus alas sobre mi sombra,

Toca mi alma, bendíceme, te seguiré,

Oh, ángel de misericordia, ángel de desesperación,

Guíame fuera del valle de lágrimas,

Acompáñame a la tierra del mañana.

.

Bendición

Oraciones elevadas punzaron la niebla del alba,

Lágrimas sin sonido cobijaron, un Alma ha nacido,

Niño acariciado en pálida luz del despertar,

Bendice su camino, disfruta su alma, oh, Todopoderoso,

Manos extendidas, ángeles que sonrieron, el Amor ha vencido.

Caída

Cuando el Ego permite creer,

Lo sabemos todo, nada queda por conseguir,

Nuestra vida parece en orden, en sí mismos mal centrados.

Entonces, es el momento de volver a nuestra Alma,

Tiempo de dar un paso adelante, de decirlo todo,

Porque este giro determina,

Si permanecemos o caemos.

Embeleso

Humilde, sin miedo, camino solo,

No obedezco a ningún maestro, no sigo a ningún sabio,

Oh, rayo celestial, ¡guíame a mi hogar!

Donde los cielos embelesados escudan nuestras Almas,

Donde somos Uno, rodeados por velos místicos.

Humildad

A veces flota a la deriva confundida, con dolorosa incredulidad,

"¿Por qué?" ella pregunta, atormentada por el dolor,

¿Lo llegaría a saber?

¿Alguna vez comprendería?

Humildad, ojos cerrados,

Ella reza y extiende las manos.

Reverencia

Lucha contra la maligna oscuridad, triunfa sobre las Almas crueles,

Vence a dragones, desgarra las alas de enemigos poderosos,

Espíritus divinos la cobijan cuando fluye sobre tormentas celestiales,

Su corazón anida en la misericordia, esperanza en su espada desenvainada,

Humilde, me inclino, sigo y obedezco su llamada.

Exhalación

Alma perdida que camina, misterios que se revelan,

Carreteras sinuosas y congeladas, cuentos malditos por contar,

Respira, luz mística que despierta la llamada del interior,

Exhala, el cielo es su comodidad y su alivio,

Vía Láctea que ilumina sus pisadas… se va.

Oración

Silencio, aterrizó el dolor, llora tierra sagrada,

Brisa hiriente había soplado,

Recuerdos ensombrecidos que desparecieron,

Alma que busca a su gemelo, nada encuentra,

Oh, espíritu de los cielos, que no decaiga la esperanza,

Lleva mi oración, para mí y mi amada infinitos.

Paz

Y la muchedumbre ruge, adorando al héroe,

Ella se erige por encima,

Su mirada punzando las almas perdidas,

Y la muchedumbre se inclina, obedece al ídolo,

He aquí, se levanta, su voz cae como el trueno,

Y la muchedumbre aúlla, espadas y flechas,

"¡Paz!" Su corazón que sangra derrama ocultas penas.

Viaje

Un Alma solitaria, busca su llamada,

Luz que chisporrotea sobre su viaje de vida en evolución,

"Ayudantes" deshonestos, oh sí, lo saben todo,

Nunca los complacerá, ni cumplirá los anhelos hablados,

Pues es el viaje de su vida, solo ella lleva el peso.

Destino

Llévame a mi propósito divino,

Guíame a una orilla protegida,

Bendice mi sendero entre pétalos de rosas,

Libera mi mente, desprecinta la puerta,

Pues soy un Alma a la deriva, destinada a donde sopla el viento.

Océano

Cicatrices enraizadas, carne y huesos desgarrados,

Corazón herido, pena y desesperación,

Tiempos deliciosos de alegría y embeleso, compartió ella,

Momentos de gloria y emoción, estaba bendecida.

Navega por un océano de amor, estima y cariño.

Namasté

Embeleso en sus venas fluye la eternidad,

Que se atreva a compartirlo con amantes y enemigos,

Corazón humano que es un misterio irresuelto,

Arte de la Naturaleza que es su mundo interior,

Alma gentil, sus frágiles alas vuelan,

"Namasté", susurra mientras brilla su leal corazón.

Fingimiento

Terribles lecciones aún por aprender,

Perpleja, se pregunta, ¿terminará alguna vez?

Alma frágil, cautiva en un mundo de fingimiento,

Enorme soledad atada, extiende las manos desnudas,

Cuando sometió su viaje de esperanza a la Tierra Prometida.

Infinito

Armonía es mi aspiración, serenidad es mi pasión,

Sonidos celestiales de la naturaleza, mi rendición, asombrado,

Revela mi luz interior, brilla con glorioso encantamiento,

Infinito amor en mi corazón, me someto a lo desconocido,

Pues sé, mi amada, que no estoy solo.

Pasión

Pasea rápido en soledad, un vacío desatendido dejó atrás,

Con elegancia se esfuerza, redefine leyes duraderas,

Con suavidad corre, se desatan deseos inexorables,

Con precaución vigila, halla lo ilimitado,

Con heroicidad ella encabeza una vía de pasión,

Inmensamente en la quietud se tranquiliza.

Esperanza

Cuando nada parece mejorar,

Cuando caes y las noches se enfrían,

Abraza tus sueños, trasciende corazones y Almas,

Esperanza eterna que fluye por la cascada del río salvaje,

Primavera eterna que oscurece y abriga nuestra totalidad.

Arcoíris

Ve en paz Alma divina,

Luz brillante circular, cuando cae la noche,

Ella reza sin palabras, ecos en los salones solitarios,

Mareas que levantan la oscuridad, cuando llama el ángel,

Arcoíris lejano que despierta sueños y esperanzas.

Totalidad

Ahogada en profunda tristeza, bañada por un mar desesperado,

Esfuerzo por confiar en su fe, aceptar su pérdida,

Lucha por vivir su vida, nutre su esperanza,

Espíritu sagrado, toma su mano,

Guíala a una costa segura,

Pues su Alma lo sabe todo, su totalidad, su llamada.

Osadía

Cuando no soportes el dolor,

Corazón roto, pareciera que a nadie importa,

Momentos preciosos acompasados con oración,

Sostente en el Uno, y comparte,

Sonrisa germinal que se esfuerza por vivir, se atreve.

Lienzo

Su risa fue muriendo, profunda oscuridad que cubrió el muro,

Deseos que menguaron, enterrados bajo cenizas negras como el carbón,

Viaje místico que la conduce hacia su propósito,

Naturaleza que la guía por la luz a una totalidad,

Amada alma gemela que revela el lienzo de su alma.

Gracia

Oscuridad - su Alma se eclipsa bajo fusco espacio,

Dolor lacerante que abre sus venas, no deja rastro,

Alba que empieza, primer rayo de sol que brilla con ternura sobre su cara,

Reza con fe, la esperanza se desliza sobre el lugar sagrado,

Ligereza - su devoción brilla a través, inspirada por la gracia celestial.

.

.

¡Muchas gracias por leer este poemario!

Estimado lector:

Deseo que haya disfrutado de **Alma Germinal: Poemas de la Cosecha**.

Como autor, me gustan las críticas. Le pido amablemente que me diga qué le gusto y también lo que le desagradó. Puede escribirme a: doobie.shemer@gmail.com o visitar mi sitio web en: http://www.doobieshemer.com.

Para terminar, quisiera pedirle un favor. Como posiblemente sabrá, es difícil conseguir que los lectores escriban comentarios on-line. Como lector mío, le aseguro que tiene el poder de ayudar a otros a descubrir este libro.

Si dispone de un poco de tiempo, puede compartir su comentario en este enlace:

http://www.amazon.com/Doobie-Shemer/e/B00I6FL8G6

Saludos cordiales:

Doobie Shemer

Contacta con Doobie:

www.sproutedsoul.net

www.facebook.com/SproutedSoul

Twitter: @Doobie_Shemer

http://www.amazon.com/Doobie-Shemer/e/B00I6FL8G6

http://www.doobieshemer.com

https://www.goodreads.com/Doobie_Shemer

Alma germinal

Poemas de la cosecha

por Doobie

Copyright © 2014 Doobie Shemer

Todos los derechos reservados

ISBN-10: 0-9913494-9-0

ISBN-13: 978-0-9913494-9-4

Library of Congress - Depósito Legal: TXU 1-898-541

www.ingramcontent.com/pod-product-compliance
Lightning Source LLC
Chambersburg PA
CBHW042053290426
44110CB00006B/175